RECUEIL

DE

POÉSIES DIVERSES

INÉDITES

Par J. E. DIEULEVEUT

VERSAILLES

BEAU, IMPRIMEUR-LIBRAIRE

RUE DE L'ORANGERIE, 36

1867

POÉSIES DIVERSES

OBSERVATION.

La musique des romances contenues dans le présent Recueil se trouve chez M. GAUVIN, *éditeur de musique, rue Montpensier, 1, à Paris,* ou chez *l'auteur, à Versailles, rue de la Paroisse, 75.*

ERRATUM.

L'ÉTOILE BRILLE, page 33, *à la 4ᵉ strophe,* après :

        Jeune et gentille

ajoutez :

        Sous sa mantille

RECUEIL
DE
POÉSIES DIVERSES
INÉDITES

Par J. E. DIEULEVEUT

VERSAILLES

BEAU, IMPRIMEUR-LIBRAIRE

RUE DE L'ORANGERIE, 36

—

1867

A MA MUSE

A vous que j'aime et vers qui chaque jour
    S'envole ma pensée,
A vous mon cœur, tous mes rêves d'amour,
    D'espérance insensée.

A vous encor, bel ange aux jolis yeux
    Où la bonté rayonne,
A vous mes vers, mes chants les plus joyeux,
    Mon été, mon automne.

LES ADIEUX DE L'EXILE

ROMANCE

(*Musique de V. Lardinois.*)

Adieu, riche vallée
Où, dans un clair ruisseau,
Se mire la feuillée
Et le doux nid d'oiseau !
Loin de ton frais ombrage,
Vers un lointain rivage
Je pars désespéré,
Car jamais plus, sans doute,
Je ne verrai la voûte
De ton ciel azuré.

Adieu, tombes chéries
Où dorment mes aïeux,
Que mes mains ont fleuries,
Qui connaissez mes vœux !
Adieu, bientôt le lierre
Seul couvrira la pierre
Où j'aimais à prier,
Et d'où mon âme en peine

— VIII —

Se relevait sereine,
Heureuse d'oublier.

Adieu, steppes sauvages,
Collines et forêts,
Ravissants paysages
Témoins de mes regrets !
Adieu, voici l'aurore
Qui se lève et colore
Mille objets à mes yeux,
Et se fait messagère
De l'arrêt trop sévère
Qui me bannit loin d'eux.

Adieu, noble patrie,
Terre où j'ai vu le jour !
Adieu, l'âme flétrie,
Sans espoir de retour,
Vers la rive lointaine
Où le destin m'entraîne
Je pars, triste, exilé ;
Et jamais plus, sans doute,
Je ne verrai la voûte
De ton ciel étoilé.

Versailles, 11 juin 1866.

LE FEU FOLLET

BLUETTE

A M. Emile Deschamps

(Musique de V. Lardinois)

Inconstant météore,
    Dans quels lieux
T'enfuis-tu quand l'aurore
    Brille aux cieux ?
Es-tu quelqu'âme en peine
    Sans séjour,
Voltigeant incertaine
    Sans amour ?

Fugitive étincelle,
    N'es-tu pas
Messagère cruelle
    Du trépas ?

Que fais-tu solitaire
    Sur les eaux,
Ou dans le sanctuaire
    Des tombeaux?

Flamme mystérieuse,
    D'où viens-tu ?
Pourquoi dit-on trompeuse
    Ta vertu ?
Es-tu fille immortelle
    Du ciel bleu,
Ou bien quelque parcelle
    Du vrai Dieu ?

— Qui je suis ? Un problème
    Incertain,
Que je cherche moi-même
    Mais en vain ?
D'où je viens ? Je l'ignore.
    Où je vais ?
Te l'avoûrai-je encore ?
    Je ne sais.

Versailles, le 26 août 1866.

ROSE ET VIOLETTE

ROMANCE

A M{}^\text{lle} Drousard

(*Musique de V. Lardinois.*)

    Au souffle de l'orage
    Se fanent mes couleurs,
    Et loin d'un frais ombrage
    Je languis ou je meurs.

Au fond de ton bois solitaire,
Tu vis sans faste ni grandeurs,
Autour de toi tout est sévère,
Mais rien ne fait couler tes pleurs.
Comme toi je voudrais sourire
Au lever d'un soleil brillant,
Mais je ne puis, reine et martyre,
Que murmurer en sanglotant :

Au souffle de l'orage
Se fanent mes couleurs,
Et loin d'un frais ombrage
Je languis ou je meurs.

Tu peux encor de ton haleine
Parfumer, suivant ton désir,
Les pas d'un amoureux en peine
Ou les caresses du zéphyr ;
Tu vois aussi, fière et rieuse,
Naître et s'épanouir tes fleurs,
Tandis que, triste et soucieuse,
Je répète en versant des pleurs :

Au souffle de l'orage
Se fanent mes couleurs,
Et loin d'un frais ombrage
Je languis ou je meurs.

Humble fleur que l'ombre protége,
Sans souci tu passes tes jours
A l'abri du bras sacrilége
Jaloux d'en abréger le cours ;
On te revoit à chaque aurore,
Mère d'un bouton frais éclos,

Quand cet instant me trouve encore
Redisant avec des sanglots :

    Au souffle de l'orage
    Se fanent mes couleurs,
    Et loin d'un frais ombrage
    Je languis ou je meurs.

Pour les vains honneurs du parterre
Où l'on meurt sans avoir vécu,
Ne quitte jamais le mystère
Ni l'ombre de ton bois touffu.
Hélas ! par l'orgueil emportée,
J'ai fui d'un paisible séjour ;
Depuis, d'une voix attristée,
J'apprends aux échos d'alentour :

    Qu'au souffle de l'orage
    Se fanent mes couleurs,
    Et que loin de l'ombrage
    Je languis ou je meurs.

Versailles, 25 juin 1866.

PORTE-LUI MA FOI

ROMANCE

(Musique de V. Lardinois.)

Douce messagère,
Vole vers la terre
Où j'ai vu le jour;
Vole vers Marie,
Vole, je t'en prie,
Lui parler d'amour.

  Douce hirondelle,
    Crois-moi,
  Porte vers elle
    Ma foi.

Franchissant rapide
Monts et plaine humide,
Porte-lui mes vœux ;

De la douce flamme
Dont brûle mon âme
Fais-lui les aveux.

Douce hirondelle,
Crois-moi,
Porte vers elle
Ma foi.

Dis-lui que loin d'elle,
Si jeune et si belle,
Grande est ma douleur ;
Que sans espérance
Je sens la souffrance
Torturer mon cœur.

Douce hironde e,
Crois-moi,
Porte vers elle
Ma foi.

Va lui dire encore
Que souvent l'aurore
Me trouve pleurant

Aux bords de la p age
Où dans le jeune âge
Nous allions riant.

Douce hirondelle,
Crois-moi,
Porte vers elle
Ma foi.

Versailles, 20 juillet 1866.

MOI !

STANCES

Toi qui, dans la nature
Marches le front hautain,
Chétive créature,
Sais-tu qui peut soudain,
D'un mot et sans colère
Te prouver que sur terre
Rien n'est moindre que toi ?
   Moi !

Toi, qu'un doux vent de brise
Comme un jonc fait plier,
Que la vanité grise
Au point de tout nier,
Sais-tu qui, sur ta tête,
Fait gronder la tempête
Qui te remplit d'effroi ?
   Moi !

Sitôt que les ténèbres
Se montrent à tes yeux,

Que leurs teintes funèbres
Ont voilé terre et cieux,
En moins de deux secondes,
Qui peut briser les mondes
Enchaînés à sa loi ?
    Moi !

Sais-tu, mortel impie,
Qui peut des océans
Maîtriser la furie,
Commander aux autans ?
Se rit de la puissance
Des grands pleins d'arrogance
Et les domine en roi ?
    Moi !

Plus de lutte insensée,
De doutes en ton cœur ;
Tourne enfin ta pensée
Vers moi ton Créateur,
Et sais-tu qui, sur terre,
A ton heure dernière
Couronnera ta foi ?
    Moi !

Versailles, 11 septembre 1866.

LE DERNIER CHANT D'UNE VIERGE

STANCES

Mises en musique par V. Lardinois.

O fortuné séjour de ma première enfance,
Où régnent le bonheur et le calme des cieux,
Séjour où j'ai passé mes heures d'innocence,
      Recevez mes adieux.

De vos ombrages frais, j'ai vu s'écouler l'onde
Qui pour rester s'épuise en efforts superflus,
Mais que la pente entraîne au grand courant du
      Et qu'on ne revoit plus.   [monde

De vos verts orangers j'ai vu, modeste et blanche,
La fleur s'épanouir aux beaux jours revenus ;
J'ai vu des oisillons le doux nid sur la branche,
      Je ne les verrai plus.

Je ne serai plus là quand la brise légère
Viendra vous apporter des parfums inconnus,
Et désormais ma lyre, en ma retraite austère,
      Ne résonnera plus.

A peine si j'ai pu, dans mon léger passage,
Goûter aux fruits dorés de vos arbres touffus,
Que déjà je m'en vais pour le lointain voyage
      Dont on ne revient plus.

Compagnes que j'aimais, encore un doux sourire :
Dieu m'appelle vers lui, j'obéis à sa loi,
Mais que parfois l'écho, répétant votre lyre,
      Arrive jusqu'à moi.

    Bougival, 15 juin 1865.

LA CONFIDENCE SURPRISE

POÊME

A Mme Cardinois

Au versant d'un coteau, par un beau soir d'été,
Comptant au plus vingt ans, et riches en beauté,
L'un près de l'autre assis, deux chérubins, deux anges,
Descendus parmi nous des célestes phalanges,
Les bras entrelacés et le front radieux,
S'entretenaient tout haut sous le regard des cieux.
Sous les baisers du vent leur blonde chevelure
Que retenait à peine une simple parure,
Voltigeant à son gré, découvrait la fraîcheur
D'un visage où brillaient la grâce et la candeur.
J'étais là ! comprimant les élans de mon âme,
Et recevant parfois le doux rayon de flamme
Que lançaient leurs beaux yeux. Servi par le hasard,
Voici ce que vers moi porta l'écho bavard :

— « Te souviens-tu, Lia, chère âme bien-aimée,
Du soir où, demandant à la brise embaumée
Un peu de sa fraîcheur pour nos fronts ruisselants,
Joyeuses, nous allions, sans crainte des méchants ?
Te souviens-tu, qu'alors, apparut suppliante,
A nos yeux effrayés, sordide mendiante,
Dont le regard, chargé de mobiles lueurs,
Semblait comme à dessein interroger nos cœurs ?

» Cinq ans sont écoulés depuis cette aventure.
Comme dans ce moment, dans toute la nature
Ce qui nous entourait était silencieux :
L'étoile au firmament scintillait à nos yeux.
Parfois, le rossignol troublant la solitude,
Envoyait jusqu'à nous un gracieux prélude.
L'air était imprégné d'enivrantes senteurs,
Et Phœbé se levant éclairait mille fleurs.
Ce fut moi qui, d'abord, recouvrai la parole,
Pour offrir à la vieille une modeste obole
Qu'avec peine son bras, devenu languissant,
Accepta de nous deux tout en nous bénissant.
Après quoi, tu t'enfuis, ô ma douce gazelle,
Laissant ta faible sœur aux prises avec elle.

» Un instant, j'essayai de faire comme toi,
Tant je sentais grandir mon trouble et mon effroi ;

Mais avancer d'un pas me fut chose impossible ;
Je subissais l'effet d'un pouvoir invincible.

» Calmez votre frayeur, me dit, en souriant,
La vieille qui vers moi venait en tremblotant.
Je vous parais méchante, et votre seule idée,
En me voyant si laide, et surtout si ridée,
Ne peut que me prêter un sinistre projet.
Enfant, détrompez-vous, de grâce, à ce sujet.
J'ai vu bien des pays, maintes choses diverses,
Essuyé mille affronts, subi bien des traverses ;
Mais jusqu'ici mon tort n'est autre que celui
D'avoir toujours rêvé le bien-être d'autrui.

» Approchez-vous de moi, ma jeune demoiselle,
Approchez-vous encore, et livrez-moi, dit-elle,
Votre charmante main ? Surtout, ne tremblez pas !
Je veux voir quel destin sera vôtre ici-bas.

» Un désir intérieur me fit braver ma crainte
Et lui livrer, dès lors, ma gauche sans contrainte.

» Oh ! oh ! s'exclama-t-elle après court examen,
J'aperçois une ligne, ici, dans votre main,
Qui, partant de l'index, et contournant le pouce,
Vous prédit de longs jours d'une existence douce.

Allons, de mieux en mieux : je découvre à l'instant
Que vous épouserez un cavalier brillant,
Que vous aurez fortune et grandeurs sur la terre ;
Je devine de plus que vous deviendrez mère,
Et vois que d'un seul coup vous le serez deux fois
Avant que soient passés huit ans moins quelques mois.

» Sur le point de partir, cette vieille sibylle
M'annonça que mon cœur, jusqu'alors indocile,
Connaîtrait et son maître et les feux de l'amour
Dans un bal éclatant que donnerait la Cour.

» J'ai beau me raisonner ; je subis, chère belle,
L'effet produit sur moi par semblable nouvelle,
Et, si je m'en souviens, c'est, il y a, ma foi,
Quatre mois tout au plus qu'on nous vit chez le roi.
De ce précieux jour pendant toute ma vie
Je me rappellerai. Oh ! comme avec envie
Nobles filles de ducs, femmes de hauts barons,
Ont vu venant à moi rempli d'attentions
Jeune et beau cavalier, qu'Altesse chacun nomme,
Et qu'on taxe à la Cour de vaillant gentilhomme !

» L'orchestre résonnait. Il réclama ma main,
Et parmi les danseurs nous prîmes rang, soudain.

» Je n'étais plus à moi. Les danses enivrantes
Nous entraînaient tous deux dans leurs courbes errantes
Je lui cédais rieuse, et livrais à loisir
Mon âme jeune et vierge à l'attrait du plaisir.
Tant que dura le bal ma gaîté fut entière :
Malgré moi, j'admirais sa belle tête altière
Où n'existait aucun de ces plis ombrageux,
Serpents sortis du cœur lorsqu'il est orageux.
Ses cheveux lui formaient une riche couronne
Belle à rendre jalouse une sainte madone.

» Au milieu d'une valse, en se penchant vers moi,
Deux mots qu'il murmura me mirent en émoi.
Un instant, je restai frémissante, éperdue,
Cherchant, mais vainement, où reposer ma vue.
Non, jamais jusque là les élans de mon cœur
Ne s'étaient fait sentir avec autant d'ardeur !
Et devenant enfin les échos de moi-même,
Me redisaient tout bas ces mots divins : Il t'aime !

» Il m'aime ? Est-il bien vrai ? Une funeste erreur
Viendrait-elle à dessein traverser mon bonheur ?
Non, je sens au plaisir dont mon âme est la proie,
Que si je pleure un jour, mes pleurs seront de joie.
Ah ! ne l'accusons pas ! Il a juré sa foi,
Il ne saurait mentir à l'honneur ou sa loi..,

*

» Joli rêve d'amour, douce et chère espérance,
Qui causez à mon cœur tourments et jouissance,
Puisse le Dieu du ciel, seul maître de mon sort,
En vous réalisant me sauver de la mort. . . .
. . . .

Ainsi se termina la douce confidence
Que je dus au hasard non moins qu'à l'imprudence,
Et que l'ombre où j'étais me célant à tous yeux
Me permit d'écouter à loisir et des mieux.

Versailles, le 18 novembre 1866.

PENSÉES DU MATIN

MÉLODIE

A M. Emile Deschamps

Quand de la nuit obscure
L'oiseau, de sa voix pure,
M'annonce le déclin,
C'est pour toi, ma patrie,
Qu'à deux genoux je prie
Le Créateur divin.

Sitôt que la colline,
D'une teinte argentine
Se revêt au lointain,
Je chante la nature,
Sa beauté, la verdure
Et le Dieu souverain.

Lorsque, fraîche et fleurie,

Se montre la prairie
Aux lueurs du matin,
J'adore le génie,
La puissance infinie
Du Maître du destin.

Quand ton front se colore
Aux baisers de l'aurore,
Mon bel ange aux doux yeux,
C'est sur toi que j'appelle
La bonté paternelle
Du puissant Roi des cieux...

Au feu crépusculaire,
Te montrant solitaire
Le sentier parfumé,
N'as-tu pas, ô poëte,
Comme moi, foi complète
En un Dieu bien-aimé ?

Quand le ciel triste et sombre,
Couvert d'astres sans nombre,
S'éclaire blanchissant,
Ne crois-tu pas encore
Que celui que j'adore
Soit un Être puissant ?

N'est-ce pas que la rose
Qui meurt, et celle éclose
Aux premiers feux du jour,
Parlent au païen même
De la bonté suprême
D'un Dieu rempli d'amour ?

Versailles, 8 mai 1866.

ÉVOCATION

ÉLÉGIE

Lorsque la nuit a de son voile sombre
Terni l'éclat du beau ciel azuré,
Vous qui pouvez, des régions sans nombre,
Franchir l'espace immense, à votre gré,
Dans un doux songe, à mon âme éplorée,
Esprits vivants d'êtres qui ne sont plus,
Apparaissez sous la forme adorée
Qu'un Dieu puissant donne à tous ses élus.

Pour un instant, quittez, ombres chéries,
De l'Immortel le séjour enchanteur;
Venez ! Partout nos plaines sont fleuries,
Nos frais sentiers pleins de douces senteurs.
Au fond des bois les chants de Philomèle
Se joignent seuls au bruit du frais ruisseau;
Il est minuit ! venez à tire-d'aile,
Me révéler les secrets du tombeau.

Quand pour nous tous cette heure redoutée
Lentement sonne à l'antique beffroi,
Faibles mortels dont l'âme est agitée
Par le remords ou l'invincible effroi,
Suis-je donc seul à désirer sur terre,
Qu'au dernier son que va rendre l'airain,
Les corps glacés d'un ami, d'une mère,
A nos regards apparaissent soudain.

Il est minuit ! images fantastiques,
Sortez de terre ou descendez des cieux !
Assemblez-vous en troupes séraphiques
Ou formez-vous en bataillons hideux.
Il est minuit ! messagers d'espérance,
Venez la rendre au cœur qui n'en a plus,
Et vous, maudits, qui rêvez la vengeance,
Partez peupler l'esprit de vos élus.

Versailles, 20 décembre 1865

LA FOI DU MARIN

ROMANCE

(Musique de V. Lardinois.)

O sainte Madone,
Quand l'éclair sillonne
La voûte des cieux,
Dans la nuit profonde
Quand l'océan gronde,
Mugit furieux :

En ta puissance
J'ai foi,
Car ma croyance
C'est toi.

Lorsque le navire
Gémit et soupire
Sous les coups du vent,

Quand sa quille accroche
La perfide roche
Où la mort m'attend :

En ta puissance
J'ai foi,
Car ma croyance
C'est toi.

Dans une bataille,
Quand fer et mitraille
Criblent nos agrès,
Quand pour l'abordage
L'ennemi qui rage
Nous serre de près :

En ta puissance
J'ai foi,
Car ma croyance
C'est toi.

O sainte Madone,
Vierge ma patronne,
Lorsque le vaisseau,

Jeté vers la plage
Aride et sauvage,
Disparaît sous l'eau :

En ta puissance
J'ai foi,
Car ma croyance
C'est toi.

Versailles, 28 juillet 1866.

SUR MA CORVETTE

ROMANCE

A mon cousin Borius, capitaine de vaisseau

(Musique de V. Lardinois.)

Sur ma corvette
Fine et coquette,
Franc matelot,
J'aime sur l'onde
Et loin du monde
Braver le flot.

Ah ! qu'elle est belle
Lorsque, la nuit,
Phœbé sur elle
Brille et reluit :
Sur l'onde pure,
Son frais miroir,
Que sa voilure
Est belle à voir !

Sur ma corvette
Fine et coquette,
Franc matelot,
J'aime sur l'onde
Et loin du monde
Braver le flot.

Comme elle est belle,
Quand mer et vent
Fondent sur elle
En mugissant,
Et que, tranquille
Comme aux beaux jours,
Son aile agile,
Poursuit son cours !

Sur ma corvette
Fine et coquette,
Franc matelot,
J'aime sur l'onde
Et loin du monde
Braver le flot.

Souple et légère
Comme un oiseau,

Elle est colère
Comme un vaisseau ;
Gare au pirate
Qu'elle aperçoit,
Brick ou frégate,
Elle y va droit.

Sur ma corvette
Fine et coquette,
Franc matelot,
J'aime sur l'onde
Et loin du monde
Braver le flot.

Versailles, 2 août 1866.

SUR LES FLOTS

BARCAROLE

(Musique de V. Lardinois)

Allons, plus de larmes,
De vaines alarmes,
Bannis les sanglots ;
Augusta, ma belle,
Viens dans ma nacelle
Voguer sur les flots.

Au bruit de la vague écumante
Se brisant contre le rocher,
N'entends-tu pas la voix vibrante
De Manoël ton gai nocher ?

Allons, plus de larmes,
De vaines alarmes,
Bannis les sanglots ;
Augusta, ma belle,

Viens dans ma nacelle
Voguer sur les flots.

Aux reflets d'astres dont le nombre
Pour nous demeure indéfini,
Vois, le ciel, qui brille dans l'ombre,
Dans l'eau se mire à l'infini.

 Allons, plus de larmes,
 De vaines alarmes,
 Bannis les sanglots ;
 Augusta, ma belle,
 Viens dans ma nacelle
 Voguer sur les flots.

Au bruit de la brise embaumée
Soufflant de pays inconnus,
Joins l'accord de ta voix aimée,
Chante les beaux jours revenus.

 Allons, plus de larmes,
 De vaines alarmes,
 Bannis les sanglots ;
 Augusta, ma belle,
 Viens dans ma nacelle,
 Voguer sur les flots.

Dans le cristal de l'onde pure
J'aime à me voir auprès de toi ;
Rien n'est beau comme ta figure
S'y reflétant tout près de moi.

 Allons, plus de larmes,
 De vaines alarmes,
 Bannis les sanglots ;
 Augusta, ma belle,
 Viens dans ma nacelle
 Voguer sur les flots.

Versailles, 6 août 1866.

L'ÉTOILE BRILLE

BOLÉRO

A Mlle Alix Renault

(*Musique de V. Lardinois.*)

Barque légère,
Vogue, ma chère,
Le ciel est beau;
D'une aile agile
Vogue tranquille,
Vogue sur l'eau.

Sur la Castille
L'étoile brille,
Luit et scintille
Sous l'œil de Dieu ;
Des Espagnoles

Les farandoles
Vives et folles
Vont avoir lieu.

Barque légère,
Vogue, ma chère,
Le ciel est beau ;
D'une aile agile,
Vogue tranquille,
Vogue sur l'eau.

C'est l'heure austère
De la prière
Au monastère
De San Pedro,
Et celle où fille
Jeune et gentille
Vole au Prado.

Barque légère,
Vogue, ma chère,
Le ciel est beau ;
D'une aile agile
Vogue tranquille,
Vogue sur l'eau.

Tout me présage
 Qu'un doux langage
Sur le rivage
Me charmera,
Et que mon âme,
Sans peur du blâme,
En traits de flamme
Y répondra.

Barque légère,
Vogue, ma chère,
Le ciel est beau;
D'une aile agile
Vogue tranquille,
Vogue sur l'eau.

Versailles, 18 octobre 1866.

LA SOURCE

APOLOGUE

Des flancs d'un rocher solitaire,
Le Ciel me fit jaillir un jour;
Depuis, mon onde salutaire
Féconde les fleurs d'alentour.
Vers un frais bassin de verdure,
En paix je vois couler mes eaux,
Et dans leur transparence pure
Se mirer les petits oiseaux.

Près de ma tranquille retraite,
Un fleuve roule en mugissant;
Dans sa course rien ne l'arrête,
Il va toujours s'agrandissant.
On redoute son voisinage,
Et cela pour bien des raisons,
Tandis que près de mon rivage
On vient dans toutes les saisons.

Jusqu'au sein de la mer profonde
Il porte ses flots orgueilleux,

Qui s'en vont remplissant le monde
Du bruit de leur cours furieux ;
Je ne fuis à travers ni plaine,
Ni ville, ni monts, ni coteaux ;
Mais j'alimente une fontaine,
Délice des petits agneaux.

Sous le feuillage où je serpente
Et murmure un hymne d'amour,
Plus d'un poëte à l'âme ardente
Y vient s'inspirer dès le jour ;
Je souris à l'humble pervenche,
Qui croît et fleurit sur mon bord ;
A l'enfant rose qui s'y penche,
Sans crainte d'y trouver la mort.

Je tourne un regard sans envie
Vers mon voisin, vers ses grandeurs,
Heureuse de passer ma vie
Dans un calme exempt de douleurs ;
Je ris tout bas de l'importance
Qu'il croit posséder à mes yeux,
Sachant fort bien et par avance
Qu'il est moins grand qu'ambitieux.

Versailles, 29 septembre 1865.

MON ÉTOILE

A Mme Ploix

(*Musique de V. Lardinois.*)

    Mon étoile,
    Qui te voile
    A mes yeux
    Dans les cieux ?
    Qui recèle
    L'étincelle
    De tes feux
    Radieux ?

Pour les grands de ce monde,
Dieu fait-il seulement,
Quand vient la nuit profonde,
Briller le firmament ?
Toi, dont mon œil avide,
Cherche l'éclat limpide

Dont tu brilles le soir,
Que ne puis-je savoir :

>Mon étoile,
>Qui te voile
>A mes yeux
>Dans les cieux !
>Qui recèle
>L'étincelle
>De tes feux
>Radieux !

Dans quelle immense zône
Te montres-tu parfois ?
Éclaires-tu le trône
Du plus puissant des rois ?
Toi, que dans la nuit sombre,
Seul et perdu dans l'ombre,
Je cherche chaque soir,
Que ne puis-je entrevoir :

>Mon étoile,
>Qui te voile
>A mes yeux
>Dans les cieux !
>Qui recèle
>L'étincelle

De tes feux
Radieux !

Dès que le voile humide
Tombe du front des nuits,
Et que l'aube timide
Éveille mille bruits,
Je cherche avec mon âme
Les rayons de ta flamme,
Mais au divin miroir
Hélas ! je ne puis voir :

    Qui te voile,
    Mon étoile,
    A mes yeux
    Dans les cieux ;
    Qui recèle
    L'étincelle
    De tes feux
    Radieux !

Quand mon heure dernière
    Ici-bas sonnera,
Dis-moi, si vers ta sphère
    Mon âme montera ?
A cet instant suprême,

Pourrai-je, ô toi que j'aime
Et cherche chaque soir,
Pourrai-je apercevoir :

    Mon étoile,
    Qui te voile
    A mes yeux
    Dans les cieux ?
    Qui recèle
    L'étincelle
    De tes feux
    Radieux ?

Versailles, 6 juin 1866.

LA COLOMBE CAPTIVE

A Mlle Berthe Renault

(*Musique de V. Lardinois.*)

Ah! par pitié, cruelle,
Délivre enfin mon aile
De la captivité!
Rends-moi la voûte sombre
De mon bois rempli d'ombre,
Rends-moi la liberté!

Aux plus tendres caresses
Qu'en ces lieux je reçois,
Aux plus belles promesses,
Je préfère cent fois :
Un joli nid de mousse
Que vient bercer le vent,
Et le doux cri que pousse
Le grillon s'éveillant.

Ah! par pitié, cruelle,
Délivre enfin mon aile
De la captivité!
Rends-moi la voûte sombre
De mon bois rempli d'ombre,
Rends-moi la liberté!

De celui que j'adore,
Je perçois les sanglots,
J'entends l'écho sonore
Me répéter ces mots :
Reviens, chère colombe,
Tendre objet de mes pleurs,
Reviens, ou je succombe
Sous le poids des douleurs.

Ah! par pitié, cruelle,
Délivre enfin mon aile
De la captivité!
Rends-moi la voûte sombre
De mon bois rempli d'ombre,
Rends-moi la liberté!

A mon humble prière
Ton cœur va-t-il s'ouvrir?
Dis, faut-il que j'espère,

Ou me faut-il mourir?
La froide indifférence
Habite tes beaux yeux,
Pour moi, plus d'espérance,
Plus de printemps joyeux.

Ah! c'en est fait, cruelle,
Ta sentence est mortelle ;
Elle a brisé mon cœur!
De la pauvre colombe
Puisse bientôt la tombe
Abréger la douleur !

Versailles, 5 août 1866.

MON VRAI BONHEUR

ROMANCE

A Mme Louise D***

Mon vrai bonheur c'est la rosée
Qui le matin tombe des cieux.
C'est la fraîche teinte irisée
De l'arc-en-ciel et de tes yeux.
Mais plus que la brise embaumée
Qui souffle et vient je ne sais d'où,
Ton haleine, ma bien-aimée,
Tout en m'enivrant me rend fou.

Mon vrai bonheur, c'est l'harmonie
Des petits oiseaux dans les bois,
Ou bien la fraîcheur infinie
Que possède ta douce voix.
J'aime le flot qui sur la plage
Vient mourir en bonds furieux ;

Mais j'aime encor mieux ton visage,
Ou l'éclat de tes blonds cheveux.

Mon vrai bonheur, c'est l'hirondelle
Qui niche auprès de mes carreaux.
C'est de voir dans l'herbe nouvelle
S'ébaudir les petits agneaux.
De la cigale j'aime entendre,
Par un beau jour, les chants joyeux ;
Mais le tic-toc de ton cœur tendre
N'a pas de rival à mes yeux.

Versailles, 4 septembre 1866.

ANÉMONE ET PERVENCHE

ROMANCE

(*Musique de V. Lardinois.*)

Apprenez-moi, Pervenche,
Le sujet de vos pleurs !
D'où vient que sans couleurs
Votre beau front se penche ?
D'un gentil papillon
A l'aile diaprée
Pleurez-vous l'abandon,
Pauvre désespérée ?

    Ah ! croyez-moi,
    N'ayez plus foi
    Dans le langage
    De ce volage ;
    Car, chaque jour,
    Cet infidèle
    A chaque belle
    Parle d'amour.

L'ingrat qu'un rien enflamme,
Aura, comme toujours,
Par de charmants discours,
Su captiver votre âme ;
Mais bientôt une fleur,
Peut-être, hélas ! moins belle,
Aura de ce trompeur
Reçu la foi nouvelle.

   Ah ! croyez-moi,
   N'ayez plus foi
   Dans le langage
   De ce volage ;
   Car, chaque jour,
   Cet infidèle
   A chaque belle
   Parle d'amour.

Hélas ! je vous sermonne,
Je voudrais vous blâmer ;
Mais je ne sais qu'aimer.
Moi, sensible Anémone,
Comme vous j'ai, ma sœur,
Répandu bien des larmes,
Et vu par la douleur
Se faner tous mes charmes.

Ah ! croyez-moi,
N'ayez plus foi
Dans le langage
De ce volage ;
Car, chaque jour,
Cet infidèle
A chaque belle
Parle d'amour.

Versailles, 22 avril 1866.

LE PRINTEMPS

PASTORALE

(Musique de V. Lardinois.)

N'entends-tu pas dans la vallée
Le frais ramage des pinsons?
Lise, partons sous la feuillée,
Valser au bruit de leurs chansons.
Du vert printemps dans la prairie,
Pour gaîment fêter le retour,
Partons fouler l'herbe fleurie.
Tout nous sourit en ce beau jour.

   La la! ah! ah! ah! ah!
   Dans la prairie
   Fraîche et fleurie,
   La la! ah! ah! ah! ah!
   Valsons tous deux,
   Valsons joyeux.

D'un pur éclat le soleil brille,
Dore les prés, les verts sillons;
Sous ses chauds baisers la jonquille
Ouvre ses fleurs aux papillons;

Partout la nature s'éveille,
Se couvre de frais boutons d'or.
Pour célébrer cette merveille,
Lise, valsons, valsons encor.

   La, la, ah! ah! ah! ah!
   Dans la prairie
   Fraîche et fleurie,
   La, la, ah! ah! ah! ah!
   Valsons tous deux,
   Valsons joyeux.

Au son de la cloche argentine
Des béliers, doyens du troupeau,
Le vieux pâtre sur la colline
Y joint les accords du pipeau;
Cachés sous la feuille nouvelle,
Les oiseaux chantent leurs amours.
Allons, Lise, valsons, ma belle,
Valsons encor, valsons toujours.

   La, la, ah! ah! ah! ah!
   Dans la prairie,
   Fraîche et fleurie,
   La, la, ah! ah! ah! ah!
   Valsons toujours
   O mes amours,

Versailles, 15 mai 1866.

FRANCE ET NAPOLÉONS

HYMNE PATRIOTIQUE

Quatre-Vingt-Neuf, de terrible mémoire,
Si ton soleil vit de sanglants méfaits,
Nous lui devons des pages dont l'histoire
    Chante encor les hauts faits.

De leurs aïeux vantant haut la vaillance,
On vit les rois apprêter leurs canons,
Avec serment de rendre la puissance
    Au sceptre des Bourbons.
De vos soldats, menaçant nos frontières,
Fiers potentats qui nous jugiez sans cœur,
En abordant nos phalanges guerrières,
    Vous tremblâtes de peur.

Que de héros, ô vaillante patrie,
Ton sein fécond que bénissent les dieux,
Sut engendrer dans ces jours de furie,
    De combats glorieux !

Un, parmi tous, devait par son génie,
Porter la crainte au cœur des nations,
Et rendre un jour sa mémoire bénie
    Des générations.

Ce nom fameux, chéri de la victoire,
En lettres d'or figure au Panthéon,
France ! tu dois, tes plus beaux jours de gloire
    Au grand Napoléon.
Pendant vingt ans, les monts géants et l'onde
Ont retenti du bruit de ses exploits ;
Nouveau César, il fit trembler le monde,
    Et lui dicta des lois.

A Waterloo, si l'ange des batailles,
Pour une fois déserta ton drapeau,
France ! tes fils ont eu des funérailles
    Dignes de leur tombeau.
Honneur à toi, martyr de Sainte-Hélène,
Qui parmi nous reposes respecté ;
Ton souvenir à tout jamais s'enchaîne
    A l'immortalité !

Si, rassemblant ton illustre poussière,
Dieu la tirait des ombres de la mort,
S'il te rendait à ta forme première,
    Quel serait ton transport !

En retrouvant le front de la patrie
Ceint de lauriers non moins beaux qu'autrefois,
Et se courbant sous le puissant génie
    De Napoléon Trois.

Quatre-Vingt-Neuf, de terrible mémoire,
Si ton soleil fut de sombre couleur,
Nous lui devons tout un présent de gloire,
    De paix et de bonheur.

Versailles, le 10 octobre 1866.

LE BLÉ

BLUETTE

A M. Raoul de Magny

Regarde, enfant, tous ces petits brins d'herbe,
Qu'imprudemment tu détruis à plaisir,
Et songe bien qu'ici-bas, le superbe
Autant que l'humble aime à les voir grandir;
Ignores-tu comment on les appelle,
De quels bienfaits par eux on est comblé?
Ah! s'il est vrai, ta faute est moins cruelle,
Car, vois-tu bien, cette herbe, c'est du blé.

Du laboureur cette herbe est la fortune;
Aussi, quand vient le temps de la moisson,
Dès le matin il va sans peine aucune
Braver l'ardeur de la chaude saison;
Dans les sillons sa rude main calleuse
Cueille le grain qui vingt fois a doublé,
En y laissant parfois pour la glaneuse
Tomber exprès quelques épis de blé.

Sans leur produit les places les plus fortes,
Malgré canons, remparts et défenseurs,
A l'ennemi viendraient ouvrir leurs portes,
Si de la faim survenaient les horreurs.
Contre elle, hélas! à quoi bon le courage?
Le plus vaillant est bien vite accablé,
Et donnerait dans cet instant, je gage,
Des monceaux d'or pour quelques grains de blé.

Pauvre petit, de cette herbe divine
Ne te fais plus l'imprudent moissonneur,
Et loin de toi bannis l'humeur chagrine
Qui vient ternir l'éclat de ta fraîcheur;
Reprends l'entrain qui convient à ton âge,
Ton jeune cœur ne doit rester troublé,
Mais souviens-toi des avis d'un vieux sage :
A l'avenir laisse mûrir le blé.

Versailles, le 5 octobre 1866.

PRÉVENEZ-MOI

A Mlle Louise B***

Quand s'est dissipé le voile
Dont la nuit couvre les cieux,
Et qu'a disparu l'étoile
    A tous les yeux,
A son balcon, si ma belle
Se montre portant sur elle
Un nœud de ruban bleu-roi,
    Prévenez-moi.

Si vous voyez d'aventure
Dans ses yeux briller des pleurs,
Comme en met dans la nature
    Dieu sur les fleurs,
A l'instant, et, sans prétendre,
Comme moi, vouloir comprendre
Le sujet de son émoi,
    Prévenez-moi.

Sur son front de jeune fille,
Ou, si, dans ses blonds cheveux,
Quelque diamant scintille
  De mille feux,
Pour voir son charmant visage
Resplendir sous le doux gage
De notre commune foi,
  Prévenez-moi.

Si quelque brise folâtre,
De son baiser le plus pur,
Découvre son sein d'albâtre
  Veiné d'azur,
Vous qui, sous un œil avide,
Voyez cette âme candide,
Pâlir d'un pudique effroi,
  Prévenez-moi.

Versailles, 3 novembre 1866.

JE ME SOUVIENS

ROMANCE

Qu'êtes-vous devenus, beaux jours,
Où les gais récits de ma mère,
Du sommeil détournant le cours,
Charmaient mon âme et ma paupière?
Hélas! depuis ces temps heureux,
Combien de vents, surchargés d'orage,
Sont venus flétrir mon visage
Et l'ébène de mes cheveux.

Mais, je le sens, malgré l'outrage
Qu'ils ont fait subir à mon cœur,
Les ans n'ont pu ternir l'image
   De ces jours de bonheur.

Il me semble l'entendre encor
Me raconter, de sa voix d'ange,
Sur Gygès et son anneau d'or
Mainte et mainte aventure étrange.

Au récit des exploits fameux
De Roland ou de don Quichotte,
J'applaudissais de la menotte ;
Le plaisir animait mes yeux.

Ah ! je le sens, malgré l'outrage
Qu'ils ont fait subir à mon cœur,
Les ans n'ont pu ternir l'image
   De ces jours de bonheur.

Je ne puis, sans un chagrin noir,
Ou sans une douleur mortelle,
Songer au temps où, chaque soir,
Je m'endormais bercé par elle ;
Que j'étais bien sur ses genoux !
Et, lorsque, sur ma bouche close,
Elle posait sa lèvre rose,
Comme son baiser m'était doux !

Ah ! je le sens, malgré l'outrage
Qu'ils ont fait subir à mon cœur,
Les ans n'ont pu ternir l'image
   De ces jours de bonheur.

Je me souviens aussi du jour
Où ma tendre mère éplorée,

D'un œil où rayonnait l'amour,
Veillait sur ma couche enfiévrée ;
Sur son beau front que de douleurs !
Comme elle épiait attentive
L'heure qui s'écoulait tardive,
Emportant mes fraîches couleurs !

Ah ! je le sens, malgré l'outrage
Qu'ils ont fait subir à mon cœur,
Les ans n'ont pu ternir l'image
    De ces jours de bonheur.

Versailles, 2 octobre 1866.

LAISSE-MOI T'AIMER

BLUETTE

A ma chère petite Jeanne

(*Musique de V. Lardinois.*)

Je t'aime, enfant, je t'aime à la folie ;
Et mon amour, à moi, c'est mon bonheur.
En contemplant ta tête si jolie,
D'aise je sens bondir mon pauvre cœur.
Si l'on m'offrait les trésors de la terre,
On ne saurait me rendre plus heureux,
Ni me causer un bonheur plus sincère,
Qu'un doux baiser pris sur tes bruns cheveux.

Quel doux plaisir et quelle sainte ivresse
Font tressaillir mon être tout entier,
Lorsque, pour plaire, ou montrer ta tendresse,
Tes petits bras me forment un collier !

Dieu, cher enfant, connaît seul mon martyre,
Quand je prévois qu'un jour un étranger
Me ravira tout, jusqu'à ton sourire,
Ou que ton cœur envers moi peut changer.

Il est donc vrai qu'un chaste amour de père
Ne suffit plus lorsque l'on a vingt ans,
Et qu'à cet âge un désir éphémère
Fait oublier nos soins les plus constants.
Puisqu'ici-bas c'est une loi commune,
Comme chacun s'il faut m'y conformer,
En attendant mon heure d'infortune,
Bel ange rose, ah! laisse-moi t'aimer.

Versailles, 7 octobre 1865.

BRANLE-BAS DE COMBAT

CHANT DE GUERRE

A M. C. F. Luczot de la Chébaudaie

Allons, allons, courage,
Qu'on fasse branle-bas,
Marins, à l'abordage !
Le Français n'attend pas.

Voyez là-bas cette corvette
Qui se balance au gré des flots,
C'est un pirate qui nous guette,
Formant de criminels complots.

Allons, allons, courage,
Qu'on fasse branle-bas,
Marins, à l'abordage !
Le Français n'attend pas.

Sous nos coups, que la race immonde,
Qui se meut à bord du forban,
Disparaisse à jamais du monde,
Sous les flots noirs de l'Océan.

   Allons, allons, courage,
   Qu'on fasse branle-bas,
   Marins, à l'abordage !
   Le Français n'attend pas.

Vers nous l'audacieux s'avance,
Attention, brave Gabier !
Que sur les siens prenant l'avance
Nos boulets frappent son hunier.

   Allons, allons, courage,
   Qu'on fasse branle-bas ;
   Marins, à l'abordage !
   Le Français n'attend pas.

Pour lui, voici l'heure fatale :
Canonniers, visez, visez droit !
Que notre ardeur soit sans égale,
Nous combattons pour le bon droit.

   Allons, allons, courage,
   Qu'on fasse branle-bas ;

Marins, à l'abordage !
Le Français n'attend pas !

Hurrah ! le voilà sans mâture.
La barre dessus, timonier !
Pour ce fléau de la nature
Ce jour doit être le dernier.

Allons, allons, courage,
Qu'on fasse branle-bas ;
Marins, à l'abordage !
Le Français n'attend pas !

Versailles, 3 août 1866.

RÊVE IDEAL

STANCES

Quand sonne l'heure où l'homme doit sur terre
    Offrir ses vœux au Ciel,
Pour que ton nom monte avec ma prière
    Vers le Maître-Éternel,
Dis-moi celui que, fleur à peine éclose,
    Tu reçus du Pasteur,
Lorsque tu fus conduite fraîche et rose
    Au temple du Seigneur.

A mes accents, toi que rêve mon âme,
    Ange aux longs cheveux d'or,
Viens recevoir les aveux de ma flamme,
    Vers moi prends ton essor.
Viens sous mon toit trop long-temps solitaire,
    Viens couler d'heureux jours,
Riche palais ne vaut pas la chaumière
    Où règnent les amours.

Comme les fleurs que parfois tu respires,
    Bel ange aux yeux d'azur,
L'ardent amour qu'ici-bas tu m'inspires
    Exhale un parfum pur.
Viens à la voix de l'amant qui t'adore
    Et ne rêve que toi,
Femme que j'aime, et que pourtant j'ignore,
    Viens consacrer ma foi.

LA PETITE MENDIANTE

ROMANCE

(*Musique de V. Lardinois.*)

Un soir, vers mon humble chambrette,
Le cœur joyeux, j'allais chantant,
Quand j'entendis une fillette
Qui murmurait en sanglotant :
  Sans succès, pauvre mère,
  Aux heureux de la terre
  J'ai présenté la main,
  Je n'ai sur leur passage,
  Recueilli pour tout gage,
  Qu'un outrageant dédain.

Je m'apprêtais, jeune poëte,
A soulager tant de douleurs,
Lorsque la voix de la pauvrette
Répéta, dominant ses pleurs :
  En vain, Vierge divine,
  Le bras de l'orpheline

Aux passants s'est tendu,
En vain la mendiante
S'est faite suppliante,
Aucun n'a répondu.

Je déposai, sans plus attendre,
Mon obole aux pieds de l'enfant,
Qui murmura, d'une voix tendre,
Ces quelques mots en s'éloignant :
  Je le vois, ô ma mère,
  Chez les grands de la terre
  La charité n'est pas,
  Elle est chez le poëte,
  L'artisan, la grisette ;
  Sa demeure est en bas.

Versailles, 6 août 1866.

ÉCOUTE-MOI

CHANSONNETTE

(Musique de V. Lardinois.)

Gentille fillette,
Loin de ta chambrette
Quand tu vas seulette,
Alerte et sans peur,
Pour demeurer sage,
Au tendre langage
D'un passant volage
Ferme bien ton cœur.

L'un vantera ta chevelure,
L'autre ton pied, tes jolis yeux,
L'on te dira que ta figure
Est d'un ovale gracieux ;
De Tartufe employant les armes,
On feindra de n'aimer que toi ;
Si tu veux t'épargner des larmes,
Sans discourir, écoute-moi :

Gentille fillette,
Loin de ta chambrette
Quand tu vas seulette,
Alerte et sans peur,
Pour demeurer sage,
Au tendre langage
D'un passant volage
Ferme bien ton cœur.

Convoitant ta grâce enfantine,
Pour la tenir en son pouvoir,
Plus d'un galant à belle mine
T'offrira toilette et boudoir ;
On te dira que rien au monde
Ne vaut un sourire de toi :
Pour t'épargner douleur profonde,
Sans discourir, écoute-moi :

Gentille fillette,
Loin de ta chambrette
Quand tu vas seulette,
Alerte et sans peur,
Pour demeurer sage,
Au tendre langage
D'un passant volage
Ferme bien ton cœur.

Parlant très-haut de sa naissance,
Parfois, quelque marquis douteux,
Viendra t'offrir et la puissance
Et l'or qui vient... de ses aïeux ;
D'un ton qui frise l'insolence
Il dira qu'il se meurt pour toi ;
Si tu tiens à ton innocence,
Sans discourir, écoute-moi :

   Gentille fillette,
   Loin de ta chambrette
   Quand tu vas seulette,
   Alerte et sans peur,
   Fuis sur ton passage
   Le tendre langage
   D'un passant volage,
   Perfide et sans cœur.

Versailles, 18 aout 1866.

JE VOUS REVOIS

ROMANCE

(Musique de V. Lardinois.)

Salut, compagne,
Verte montagne,
Je vous revois ;
Salut, patrie,
Mère chérie,
Salut cent fois !

Sur la terre étrangère
J'ai dû longtemps souffrir,
Et j'ai bien cru, ma mère,
Qu'il m'y faudrait mourir.
Ah ! loin de ce qu'on aime,
Comme tout paraît noir !
Et quel plaisir extrême
On trouve à le revoir !

Salut, compagne,
Verte montagne,
Je vous revois ;
Salut, patrie,
Mère chérie,
Salut cent fois !

Lorsque femme charmante
Au bras de son époux
Me frôlait souriante,
Si j'en étais jaloux,
Oh ! c'est qu'alors, Marie,
Une voix me criait,
Qu'une épouse chérie
Au pays m'attendait.

Salut, compagne,
Verte montagne,
Je vous revois ;
Salut, patrie,
Mère chérie,
Salut cent fois !

La sauvage églantine,
Les bois, les prés, en fleurs,
Les buissons d'aubépine,
Me semblaient sans couleurs ;

La savante harmonie
Du chantre des forêts,
Sa douce symphonie,
Redoublaient mes regrets.

 Salut, compagne,
 Verte montagne,
 Je vous revois ;
 Salut, patrie,
 Mère chérie,
 Salut cent fois !

Versailles, 31 juillet 1866.

TABLE

A ma Muse.	
Les adieux de l'Exilé.	I
Le feu follet.	1
Rose et Violette.	3
Porte-lui ma foi.	6
Moi !	9
Le dernier chant d'une Vierge	11
La Confidence surprise.	13
Pensées du matin.	19
Evocation.	22
La foi du marin.	24
Sur ma Corvette.	27
Sur les flots.	30
L'Etoile brille.	33
La source.	36
Mon étoile.	38
La Colombe captive.	42
Mon vrai bonheur.	45
Anémone et Pervenche.	47
Le printemps.	50
France et Napoléons.	52
Le Blé.	55
Prévenez-moi.	57
Je me souviens.	59
Laisse-moi t'aimer.	62
Branle-bas de Combat.	64
Rêve idéal.	67
La petite mendiante.	69
Ecoute-moi.	71
Je vous revois.	74

www.ingramcontent.com/pod-product-compliance
Lightning Source LLC
LaVergne TN
LVHW052109090426
835512LV00035B/1419